Guitar • Vocal

CHART HITS
2014-2015

T0056038

ISBN 978-1-4950-1251-8

HAL•LEONARD® CORPORATION

7777 W. BLUEMOUND RD. P.O. BOX 13819 MILWAUKEE, WI 53213

Visit Hal Leonard Online at
www.halleonard.com

All About That Bass

Words and Music by
Kevin Kadish and Meghan Trainor

A   Bm   E7

Chorus 1

N.C. |A
Because you know I'm all about that bass, 'bout that bass. No treble.
|Bm
I'm all about that bass, 'bout that bass. No treble.
|E7
I'm all about that bass, 'bout that bass. No treble.
|A
I'm all about that bass, 'bout that bass, bass, bass, bass, bass.

Verse 1

|A
   Yeah, it's pretty clear, I ain't no size two.
|Bm
   But I can shake it, shake it like I'm supposed to do.
|E7
   'Cause I got that boom, boom that all the boys chase
      |A
And all ____ the right junk in all the right places.

Verse 2

|A
   I see the magazine workin' that Photoshop.
|Bm
   We know that shit ain't real. C'mon now, make it stop.
|E7
   If you got beauty, beauty, just raise 'em up
      |A   N.C.
'Cause ev'ry inch of you is perfect from the bottom to the top.

Verse 3

|A |Bm |

Yeah, my mama she told me don't worry about your size.

|E7 | |A |

She says, "Boys like a little more booty to hold at night."

| | |Bm |

You know I won't be no stick figure, silicone Barbie doll.

|E7 | |A |

So, if that's what you're into then go ahead and move along.

Chorus 2

|N.C. |A |

    Because you know I'm all about that bass, 'bout that bass. No treble.

|Bm |

I'm all about that bass, 'bout that bass. No treble.

|E7 |

I'm all about that bass, 'bout that bass. No treble.

|A |

I'm all about that bass, 'bout that bass, hey.

Verse 4

|A |

I'm bringin' booty back.

| |Bm |

Go ahead and tell them skinny bitches that.

| |E7 |

Nah, I'm just playin'. I know you think you're fat.

|

But I'm here to tell ya

|A   N.C. |

Ev'ry inch of you is perfect from the bottom to the top.

Verse 5

Repeat Verse 3

Chorus 3

‖: N.C. |A |

    Because you know I'm all about that bass, 'bout that bass. No treble.

|Bm |

I'm all about that bass, 'bout that bass. No treble.

|E7 |

I'm all about that bass, 'bout that bass. No treble.

|A   :‖ ***Play 3 times***

I'm all about that bass, 'bout that bass.

Outro

|A | |Bm | |

|E7 | |A | ‖

Am I Wrong

Words and Music by Vincent Dery, Nicolay Sereba,
William Wiik Larsen and Abdoulie Jallow

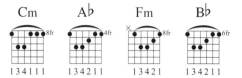

Intro

|Cm Ab |Fm Bb |Cm Ab | Bb |
|Cm   Ab |Fm Bb |
(Ooh.
|Cm   Ab | Bb |
Ooh.)

Verse 1

|Cm   Ab |Fm   Bb
Am I wrong   for thinking out the box
          |Cm   Ab | Bb
From where I ___ stay?
     |Cm   Ab |Fm   Bb
Am I wrong   for saying that I'll choose
          |Cm   Ab | Bb
Another ___ way?
     |Cm   Ab |Fm   Bb
I ain't tryin' to do what ev'rybody else do - in'
          |Cm   Ab | Bb
Just 'cause ev'rybod - y doin' what they all do.
|Cm   Ab |Fm   Bb
If one thing I know, I'll fall but I'll grow.
     |Cm   Ab | Bb N.C.
I'm walking down this road of mine, this road that I call home.

Chorus 1

           |**Cm**   **A♭** |**Fm**   **B♭**
So am I wrong   for thinking that we could be
               |**Cm**   **A♭** | **B♭**
Something for real?
           |**Cm**   **A♭** |**Fm**   **B♭**
Now, am I wrong   for trying to reach the things
             |**Cm** **A♭** | **B♭**
That I can't see?
                 |**Cm**   **A♭** |**Fm**
That's just how I feel. (Ooh.)
B♭ |**Cm**   **A♭** | **B♭**
   That's just how I feel. (Ooh.)
              |**Cm** **A♭** |
That's just how I feel.
|**Fm**   **B♭** |**Cm**   **A♭** | **B♭**
 Trying to reach the things that I can't see. (Ooh.)

Verse 2

             |**Cm**   **A♭** |**Fm**
Am I trip - ping
B♭ |**Cm**   **A♭** | **B♭**
For having a vi - sion?
             |**Cm**   **A♭** |**Fm**
My predict - tion,   I'm a be
B♭ |**Cm** **A♭** | **B♭** |
On top of the world.
|**Cm**   **A♭** |
   Walk your walk ____ and don't look back,
|**Fm**   **B♭** |
   Always do ____ what you decide.
|**Cm**   **A♭** |
   Don't let them ____ control your life.
| **B♭** |**Cm**
That's just how I feel. Oh.
             A♭ |
Fight for yours ____ and don't let go,
|**Fm**   **B♭** |
   Don't let them ____ compare you, no.
|**Cm**   **A♭** |
   Don't worry, ____ you're not alone.
| **B♭ N.C.**
That's just how we feel.

Chorus 2   *Repeat Chorus 1*

Bridge

```
‖:Cm Ab           |Fm      Bb           |
     If you tell me I'm wrong, ___ wrong,
|Cm Ab            |Fm      Bb        |
   I  don't wanna be right, ___ right.
|Cm Ab            |Fm      Bb           |
     If you tell me I'm wrong, ___ wrong,
|Cm Ab                    |   Bb :‖
   I don't wanna be right.
```

Chorus 3

```
‖:      |Cm    Ab  |Fm              Bb
     Am I wrong    for thinking that we could be
            |Cm Ab  |  Bb
Something for real?
           |Cm    Ab |Fm           Bb
Now, am I wrong    for trying to reach the things
            |Cm Ab  |
That I can't see?
|  Bb             |Cm      Ab |Fm
     But that's just how I feel. (Ooh.)
|Bb           Cm      Ab  |  Bb
   That's just how I feel. (Ooh.)
|                |Cm Ab  |
That's just how I feel.
|Fm          Bb                  |Cm      Ab |  Bb :‖ Cm  ‖
  Trying to reach the things that I can't see. (Ooh.)
```

Animals

Words and Music by Adam Levine,
Ben Levin and Shellback

Em   Dadd9   C

Chorus 1

N.C.   **|Em**
Baby, I'm preyin' on you tonight.
    |Dadd9
Hunt you down, eat you alive
    |C   **|**
Just like animals, animals, like animals, 'mals.
    |Em
Maybe you think that you can hide.
    |Dadd9
I can smell your scent for miles
    |C   **|**   **|**
Just like animals, animals, like animals, 'mals. Baby, I'm…

Verse 1

|Em   **|**
So, what you try'n' to do to me?
|Dadd9   **|**
It's like we can't stop, we're enemies.
|C   **|**   **|**
But we get along when I'm inside ____ you, babe.
|Em   **|**
You're like a drug that's killin' me.
|Dadd9   **|**
I cut you out entirely,
|C   **|**
But I get so high when I'm inside ____ you.

Pre-Chorus 1

|Em
Yeah, you can start over, you can run free.
|Dadd9
You can find other fish in the sea.
|C
You can pre - tend it's meant to be,
|
But you can't stay away from me.
|Em
I can still hear you makin' that sound,
|Dadd9
Takin' me down, rollin' on the ground.
|C |
You can pre - tend that it was me, but no.

Chorus 2

|Em
Oh, baby, I'm preyin' on you tonight.
|Dadd9
Hunt you down, eat you alive
|C |
Just like animals, animals, like animals, 'mals.
|Em
Maybe you think that you can hide.
|Dadd9
I can smell your scent for miles
|C | |
Just like animals, animals, like animals, 'mals. Baby, I'm…

Verse 2

|Em |
   So, if I run, it's not enough.
|Dadd9 |
   You're still in my head, forever stuck.
|C | |
   So you can do what you wanna do, ___ babe.
|Em |
   I love your lies, I'll eat 'em up,
|Dadd9 |
   But don't deny the animal
|C |
   That comes alive when I'm inside ___ you.

Pre-Chorus 2   *Repeat Pre-Chorus 1*

Chorus 3   *Repeat Chorus 2*

Bridge

|Em |
    Don't tell no lie, lie, lie, lie.

|Dadd9 |
    You can't deny, 'ny, 'ny, 'ny, 'ny

|C |
    That beast inside, side, side, side.

| |
Yeah, yeah, yeah.

|Em |
    No, girl, don't lie, lie, lie, lie.

|Dadd9 |
    You can't deny, 'ny, 'ny, 'ny, 'ny

|C |
    That beast inside, side, side, side.

| |
Yeah, yeah, yeah.

Interlude

|N.C. | |
    Yo, ___ oh, uh, whoa, ___ oh, oh.

| |
Whoa, ___ oh, oh.

| |
(Just like animals, animals, like animals, 'mals.

| | |
Just like animals, animals, like animals, 'mals.)

Chorus 4

| |Em
    Ow! Baby, I'm preyin' on you tonight.

    |Dadd9
Hunt you down, eat you alive

   |C |
Just like animals, animals, like animals, 'mals.

    |Em
Maybe you think that you can hide.

   |Dadd9
I can smell your scent for miles

   |C | |
Just like animals, animals, like animals, 'mals. Baby, I'm…

Outro

Repeat Bridge

Blank Space

Words and Music by Taylor Swift,
Max Martin and Shellback

(Capo 5th fret)

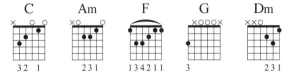

Intro | **N.C.(C)** | |

Verse 1

|**C** |
     Nice to meet you. Where you been?
                     |**Am**
I could show you incredible things.
               |
Magic, madness, heaven, sin.
             |**F** |
Saw you there and I thought, "Oh, my God. Look at that face."
   | |
You look like my next mistake.
|**G** | |
     Loves a game. Wanna play? Ay.

Verse 2

```
|C                          |
    New money, suit and tie.
                              |Am
I can read you like a maga - zine.
                          |                         |F
Ain't it funny? Rumors fly and I know you heard about me.
                          |                              |
So hey, let's be friends. I'm dyin' to see how this one ends.
|G                              |
 Grab your passport and my hand.
|N.C.                                    |
I can make the bad guys good for a weekend.
```

Chorus 1

```
|C                          |                        |
    So it's gonna be forever, or it's gonna go down in flames.
|Am                          |                              |
    You can tell me when it's over, mm, if the high was worth the pain.
|Dm                          |                    |
    Got a long list of ex-lovers, they'll tell you I'm insane.
|F                          |                    |
    'Cause you know I love the players, and you love the game.
|C                          |                        |
    'Cause we're young and we're reckless. We'll take this way too far.
|Am                          |                    |
    It'll leave you breathless, hmm, or with a nasty scar.
|Dm                          |                    |
    Got a long list of ex-lovers, they'll tell you I'm insane.
|F                          | N.C.                  |
    But I've got a blank space, baby,    and I'll write your name.
```

Interlude

```
| N.C.(C)    |            |
```

Verse 3

```
|C                    |                              |Am
    Cherry lips, crystal skies. I could show you incredible things.
              |                              |F
Stolen kisses, pretty lies. You're the king, baby, I'm your queen.
                         |                    |
Find out what you want, be that girl for a month.
|G                    |          |
 Wait, the worst is yet to come. Oh, no!
|C                    |                    |Am
    Screaming, crying, perfect storms. I can make all the tables turn.
                    |
Rose garden filled with thorns.
                    |F                        |
Keep you second-guessin' like, "Oh, my God. Who is she?"
|                    |G                    N.C.
I get drunk on jealousy. But you'll come back each time you leave
        |                              |
```
'Cause darling, I'm a nightmare dressed like a daydream.

Chorus 2   *Repeat Chorus 1*

Bridge

```
|N.C.         |              |
    Boys only want love if it's torture.
|              |              |
Don't say I didn't, say I didn't warn ya.
|         |              |
Boys only want love if it's torture.
|         |              |
Don't say I didn't, say I didn't warn ya.
```

Chorus 3   *Repeat Chorus 1*

Cool Kids

Words and Music by Graham Sierota, Jamie Sierota, Noah Sierota,
Sydney Sierota, Jeffrey David Sierota and Jesiah Dzwonek

(Capo 1st fret)

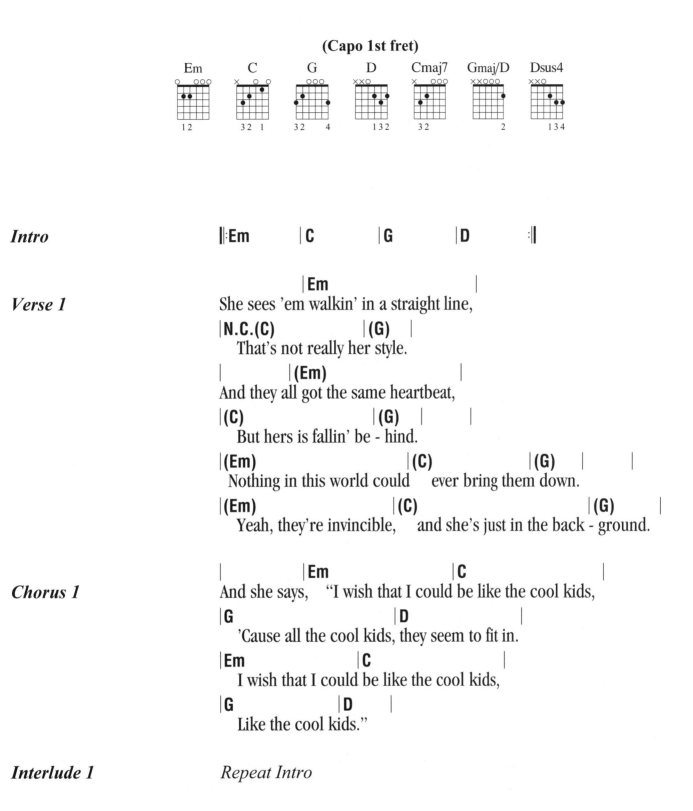

Intro

‖: Em | C | G | D :‖

Verse 1

|Em |

She sees 'em walkin' in a straight line,

|N.C.(C) |(G) |

That's not really her style.

| |(Em) |

And they all got the same heartbeat,

|(C) |(G) | |

But hers is fallin' be - hind.

|(Em) |(C) |(G) | |

Nothing in this world could ever bring them down.

|(Em) |(C) |(G) |

Yeah, they're invincible, and she's just in the back - ground.

Chorus 1

| |Em |C |

And she says, "I wish that I could be like the cool kids,

|G |D |

'Cause all the cool kids, they seem to fit in.

|Em |C |

I wish that I could be like the cool kids,

|G |D |

Like the cool kids."

Interlude 1

Repeat Intro

Verse 2

```
              |N.C.(Em)                  |
He sees 'em talkin' with a big smile,
|(C)                        |(G)      |
   But they haven't got a clue.
|    |(Em)                            |
Yeah, they're livin' the good life,
|(C)                        |(G)     |        |
   Can't see what he is goin' through.
|Em                  |C                              |G     |        |
They're driving fast cars,    but they don't know where they're going,
|Em                  |C                |G         |
   In the fast lane,    livin' life without knowing.
```

Chorus 2

```
|          |Em                  |C                      |
And he says,   "I wish that I could be like the cool kids,
|G                     |D              |
   'Cause all the cool kids, they seem to fit in.
|Em                |C                  |
   I wish that I could be like the cool kids,
|G                 |D        |
   Like the cool kids.
|Em                |C                  |
   I wish that I could be like the cool kids,
|G                     |D              |
   'Cause all the cool kids, they seem to get it.
|Em                |C                  |
   I wish that I could be like the cool kids,
|G            |D        |
   Like the cool kids."
```

Interlude 2

```
|Em         |C         |G         |D                 |
(Ah.
|Em         |Cmaj7     |Gmaj7/D  |Dsus4             |
 Ah.)                                    And they said,
```

Chorus 3

```
| N.C.              |              |
```
"I wish that I could be like the cool kids,
```
|              |              |
```
'Cause all the cool kids, they seem to fit in.
```
|              |              |
```
I wish that I could be like the cool kids,
```
|          |      |
```
Like the cool kids."

Chorus 4

```
|Em            |C            |
```
   "I wish that I could be like the cool kids,
```
|G                  |D         |
```
   'Cause all the cool kids, they seem to fit in.
```
|Em            |C            |
```
   I wish that I could be like the cool kids,
```
|G        |D      |
```
   Like the cool kids.
```
|Em            |C            |
```
   I wish that I could be like the cool kids,
```
|G                  |D            |
```
   'Cause all the cool kids, they seem to get it.
```
|Em          |C          |
```
   I wish that I could be like the cool kids,
```
|G        |D        |
```
   Like the cool kids."

Outro

```
|Em |C |G   |D    |
```
   Oh, oh.   Oh, oh.
```
|G   |C |G              |D |Em  ‖
```
   Oh, oh.   Like the cool kids.

Don't

Words and Music by Ed Sheeran, Dawn Robinson, Ben Levin,
Raphael Saadiq, Ali Jones-Muhammad and Conesha Owens

Tune down 1/2 step:
(low to high) Eb - Ab - Db - Gb - Bb - Eb

F#m7   C#m7   D   E

Intro

| N.C. |
(Ah, la, 'n, la, la.
| F#m7   C#m7 | D   E |
| F#m7   C#m7 | D   E |
Ah, la, 'n, la, la.)

Verse 1

| F#m7   C#m7
  I met this girl late last year,
     | D   E
She said, "Don't you worry if I disappear."
    | F#m7   C#m7
I told her, "I'm not really looking for a - nother mistake,"
     | D   E
I called an old friend, thinking that the trouble would wait.
      | F#m7   C#m7
But then I jump right in a week later returned,
     | D   E
I reckon she was only looking for a lover to burn.
    | F#m7   C#m7
But I gave her my time for two or three nights,
     | D   E
Then I put it on pause until the moment was right.
    | F#m7   C#m7 | D   E
I went a - way, four months un - til our paths crossed a - gain.
     | F#m7   C#m7
She told me, "I was never looking for a friend,
    | D   E
Maybe you could swing by my room around ten.
     | F#m7   C#m7
Baby, bring the lemon and a bottle of gin,
     | D   E
We'll be in between the sheets 'til the late a. - m."
      | F#m7   C#m7
Baby, if you wanted me then you should've just said.
    |
She's singing:

Chorus 1

```
|D              E         |F#m7
(Ah, la, 'n,    la,        la)
              Don't fuck with my love.
         C#m7   |D      E       |F#m7
That heart is so cold, all over my home.
              C#m7              |
I don't wanna know that, babe.
|D              E         |F#m7
(Ah, la, 'n,    la,        la.
              Don't fuck with my love.
   C#m7        |D      E       |F#m7
I told her, she knows, take aim and re - load.
              C#m7              |
I don't wanna know that, babe.
|D      E
(Ah, la, 'n, la, la.)
```

Verse 2

```
                  |F#m7          C#m7
And for a couple weeks I only wan - na see her,
                      |D              E
We drink away the days with a take-away pizza.
        |F#m7                    C#m7
Before, a text message was the only way to reach her,
                   |D                    E
Now she's staying at my place and loves the way I treat her.
             |F#m7        C#m7
Singing out Ar - etha, all over the track like a feature,
        |D                   E                    |
And never wants to sleep, I guess that I don't want to either.
|F#m7                         C#m7              |
   But me and her, we make mon - ey the same way,
|D                E                 |
 Four cities, two planes, ___ the same day.
|F#m7                    C#m7
   And those shows have never been what it's about,
         |D                  E
But may - be we'll go together and just figure it out.
        |F#m7                    C#m7
I'd rather put on a film with you and sit on the couch
                |D                  E
But we should get on a plane or we'll be missing it now.
        |F#m7                    C#m7
Wish I'd have written it down the way that things played out,
             |D                    E
When she was kissing him, how I was con - fused about.
             |F#m7          C#m7              |
Now she should figure it out while I'm sat here singing:
```

Chorus 2   *Repeat Chorus 1*

Verse 3

```
|F♯m7                        C♯m7        |
(Knock, knock, knock) on my hotel door,
|D                E
 I don't even know if she knows what for.
        |F♯m7                C♯m7          |
She was crying on my shoulder, I already told ya,
|D                      E        |
 Trust and respect is what we do this for.
|F♯m7              C♯m7
 I never intended to be next,
         |D                E          |
But you didn't need to take him to bed, that's all.
|F♯m7                  C♯m7
 And I never saw him as a threat
            |D                    E         |
Until you disappeared with him to have sex, of course.
|F♯m7                C♯m7
   It's not like we were both on tour,
         |D                E
We were staying on the same fucking hotel floor.
     |F♯m7                     C♯m7
And I wasn't looking for a promise or commitment
            |D              E                |
But it was never just fun, and I thought you were diff'rent.
|F♯m7                  C♯m7
 This is not the way you rea - lize what you wanted,
       |D              E
It's a bit too much, too late if I'm honest.
     |F♯m7              C♯m7              |
And all this time, God knows I'm singing:
```

Chorus 3

```
‖:D          E            |F♯m7
(Ah, la, 'n,     la,          la.)
         Don't fuck with my love.
       C♯m7      |D       E       |F♯m7
That heart is so cold, all over my home.
             C♯m7            |
I don't wanna know that, babe.
| D           E            |F♯m7
(Ah, la, 'n,     la,          la.)
         Don't fuck with my love.
    C♯m7         |D        E          |F♯m7
I told her, she knows, take aim and re - load.
              C♯m7          :‖ N.C.            ‖
I don't wanna know that, babe. (Ah, la, 'n, la, la.)
```

Happy
from DESPICABLE ME 2

Words and Music by
Pharrell Williams

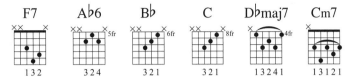

Intro |F7 |

Verse 1

|N.C. | |F7 A♭6 B♭ C| B♭ |
It might seem cra - zy what I'm 'bout to say.

|F7 N.C. | |F7 A♭6 B♭ C| B♭ |
Sunshine, she's here, you can take a break.

    |F7 N.C. | |F7 A♭6 B♭ C| B♭ |
I'm a   hot air balloon that could go to space

              |F7 N.C. | |F7 A♭6 B♭ C |
With the air ___ like I don't care, baby, by the way.

Chorus 1

| |B♭ |D♭maj7 |
Huh! (Because I'm happy.)

| |Cm7 | |F7
Clap along if ___ you feel like a room without a roof.

            |D♭maj7
(Because I'm happy.)

        |Cm7 | |F7
Clap along if ___ you feel like happiness is the truth.

        |D♭maj7
(Because I'm happy.)

        |Cm7 | |F7
Clap along if ___ you know what happiness is to you.

        |D♭maj7
(Because I'm happy.)

        |Cm7 | |F7 |
Clap along if ___ you feel like that's what you wanna do.

Verse 2

```
|F7 N.C.                    |                    |F7 A♭6 B♭ C|  B♭   |
         Here comes bad news, talkin' this and that.
|F7      N.C.               |                    |F7 A♭6 B♭ C|  B♭   |
       Well, gimme all you got, and don't hold it back.
 F7      N.C.               |                    |F7 A♭6 B♭ C|  B♭   |
       Well, I should prob'ly warn you, I'll be just fine.
|F7 N.C.                    |              |F7 A♭6 B♭        C |
       No offense to you, don't waste your time.      Here's why…
```

Chorus 2

```
     B♭         |D♭maj7
(Because I'm happy.)
                |Cm7          |                |F7
Clap along if ___ you feel like a room without a roof.
                |D♭maj7
(Because I'm happy.)
                |Cm7          |                |F7
Clap along if ___ you feel like happiness is the truth.
                |D♭maj7
(Because I'm happy.)
                |Cm7          |                |F7
Clap along if ___ you know what happiness is to you.
                |D♭maj7
(Because I'm happy.)
                |Cm7          |                  |F7
Clap along if ___ you feel like that's what you wanna do.
       N.C.                |
(Hey!    Come on!)
```

Bridge 1

```
|N.C.              |              |
     (Happy!) Bring me down, can't nothin'
|                 |              |
(Happy!) bring me down, your love is too high.
                  |              |
(Happy!) Bring me down, can't nothin'
|                 |
(Happy!) bring me down. I said,
                       |
(Let me tell you now. Happy…)
            |          |          |
Bring me down, can't nothin' bring me down.
            |          |          |          |
Your love is too high. Bring me down, can't nothin' bring me down.
```

I said…

Chorus 3

          N.C. |D♭maj7
(Be - cause I'm happy.)

               |Cm7 |F7
Clap along if ___ you feel like a room without a roof.

               |D♭maj7
(Because I'm happy.)

               |Cm7 |F7
Clap along if ___ you feel like happiness is the truth.

               |D♭maj7
(Because I'm happy.)

               |Cm7 |F7
Clap along if ___ you know what happiness is to you.

               |D♭maj7
(Because I'm happy.)

               |Cm7 |F7
Clap along if ___ you feel like that's what you wanna do.

               |D♭maj7
(Because I'm happy.)

               |Cm7 |F7
Clap along if ___ you feel like a room without a roof.

               |D♭maj7
(Because I'm happy.)

               |Cm7 |F7
Clap along if ___ you feel like happiness is the truth.

               |D♭maj7
(Because I'm happy.)

               |Cm7 |F7
Clap along if ___ you know what happiness is to you.

               |D♭maj7
(Because I'm happy.)

               |Cm7 |F7
Clap along if ___ you feel like that's what you wanna do.

          N.C.
(Heh.   Come on.)

Bridge 2

|N.C. | |
     (Happy!) Bring me down, can't nothin'

| | |
(Happy!) bring me down, your love is too high.

| | |
(Happy!) Bring me down, can't nothin'

| |
(Happy!) bring me down. I said…

Chorus 4   *Repeat Chorus 3*

I'm Not the Only One

Words and Music by
Sam Smith and James Napier

Chord diagrams: F (134211), A (123), Dm (231), B♭maj7 (13241), C (32 1), B♭ (1333), B♭/C (1111)

Intro

|F   A Dm| B♭maj7 |F   A Dm| B♭maj7 |

|F   A Dm| B♭maj7 |F C F | |

Verse 1

|F A   Dm| B♭|
You and me, we made a vow

|F A   Dm| B♭|
For better or for worse.

|F A   Dm| B♭
I can't believe you let me down,

               |F   C F| |
But the proof's ___ in the way ___ it hurts.

Verse 2

|F   A   Dm| B♭ |
For months on end I've had my doubts,

|F A   Dm| B♭|
De - nying ev - 'ry tear.

|F A   Dm| B♭
I wish this would be over now,

           |F   C   F|
But I know ___ that I still need you here.

Chorus 1

         |F A   Dm| B♭
You say ___ I'm crazy

          |F   A   Dm| B♭
'Cause you don't think I know what you've done.

    |F A   Dm|C B♭
But when ___ you call me baby,

  |F   B♭/C F| B♭/C |
I know I'm not the only one.

Verse 3

```
|F      A        Dm|  Bb  |
```
You've been so un - available,
```
|F    A   Dm  |   Bb  |
```
Now sadly I know why.
```
|F      A        Dm|   Bb  |
```
Your heart is un - obtainable
```
                 |F          C          F |
```
Even though ___ Lord knows ___ you kept mine.

Chorus 2   *Repeat Chorus 1*

Bridge

```
|Bb                      |F        |
```
I have loved you for man - y years.
```
|A                    |Dm    C  |
```
Maybe I am just not e - nough.
```
|Bb                          |F
```
You've made me realize my deep - est fear
```
 |Bb/C                |
```
By lying and tearing us up.

Chorus 3

```
|:   |F    A     Dm|  Bb
```
You say ___ I'm crazy
```
      |F          A            Dm|  Bb
```
'Cause you don't think I know what you've done.
```
   |F     A    Dm |C  Bb
```
But when ___ you call me baby,
```
|F                 Bb/C F  :||
```
I know I'm not the only one.
```
|                 A    Dm|  Bb
```
I know I'm not the only one.
```
 |F               A   Dm|  Bb
```
I know I'm not the only one.
```
    |F                        A
```
And I know, and I know, and I know, and I know,
```
Dm    |    C          Bb
```
And I know, and I know,   know,
```
 |F                Bb/C  F|        ||
```
I know I'm not the only   one.

Love Someone

Words and Music by Jason Mraz, Becky Gebhardt,
Chaska Potter, Mai Bloomfield, Mona Tavakoli,
Chris Keup and Stewart Myers

Drop D tuning:
(low to high) D-A-D-G-B-E

Verse 1

|D5 | | | |
Love is a funny thing, whenever I give it, it comes back to me.

| | | |
And it's wonderful to be giving with my whole heart

| |G5
As my heart re - ceives your love.

Pre-Chorus 1

|G5 |D5 |
Oh, ain't it nice tonight we've got each oth - er?

|G5 |
And I am right beside you.

| |D5
More than just a partner or a lov - er;

|A5
I'm your friend.

Chorus 1

|Gmaj7 | |D5 |A
When you love ___ some - one your heartbeat beats so loud.

|Gmaj7 | |D5 |A
When you love ___ some - one your feet can't feel the ground.

|Bm |Gmaj7 |D5 |A
Oo, ___ shining stars ___ all seek to congregate around ___ your face.

|Gmaj7 | |D5 |A |D5 |
When you love some - one, it comes ___ back ___ to you.

Verse 2

|D5 | | |
And love is a funny thing, it's making my blood flow with energy.

| |
And it's like an awaken dream

| |
'Cause what I been wishing for is happening.

|Gmaj7
And it's right on time.

Pre-Chorus 2

|G5 |D5 |
Oh, ain't ____ it nice this life we've got each oth - er?

| |Gmaj7 |
And I am right beside you.

| |D5
More than just a partner or a lov - er;

|A5
I'm your friend.

Chorus 2

|Gmaj7 |D5 |A
When you love ____ some - one your heartbeat beats so loud.

|Gmaj7 |D5 |A
When you love ____ some - one your feet can't feel the ground.

|Bm |Gmaj7 |D5 |A
Oo, ____ shining stars ____ all seek to congregate around ____ your face.

|Gmaj7 |A |
When you love some - one, when you love some - one.

Bridge

|D5 |Bm |
   We're gonna give ourselves to love ____ tonight.

|D5 |Bm
   Lifting up to touch the star - light.

|Aadd9 |Gmaj7(no3rd)
And we will savor ev'ry second we sus - pend,

|D5
Together you and I will,

|A5 |Gmaj7 | D5 |A
You and I will, ____ you and I will.

Chorus 3

Repeat Chorus 1

Me and My Broken Heart

Words and Music by Ammar Malik, Benjamin Levin,
Steve Mac, Wayne Hector and Robert Thomas

Cm   Fm   Bb   Eb   Gm/D

Chorus 1

|Cm   Fm |
All I need's a little love in my life.

|Bb   Eb   Gm/D |
All I need's a little love in the dark.

|Cm   Fm | Bb
A little, but I'm hoping it might kickstart

Eb   Gm/D |Cm
Me and my broken heart.

Fm |
I need a little loving tonight.

|Bb   Eb   Gm/D |
Hold me so I'm not falling apart.

|Cm   Fm |Bb
A little, but I'm hoping it might kickstart

Eb   Gm/D |Cm |
Me and my broken heart, ____ yeah.

Verse 1

```
|Cm              Fm                  |B♭
 Shotgun aimed ____ at my heart, you got one.
         E♭        Gm/D  |Cm
Tear ____ me a - part and then some.
         Fm              |B♭        E♭  Gm/D  |
How ____ do we call this love, whoa?
|Cm      Fm                  |B♭
 I try to ____ run away but your eyes
       E♭          Gm/D
Tell ____ me to stay.
     |Cm          Fm              |B♭        E♭  Gm/D  |
Oh why, why ____ do we call this love, whoa?
```

Pre-Chorus 1

```
|Cm Fm                  |B♭            E♭  Gm/D  |
   It seems like we've been losing control.
|Cm        Fm          |B♭              E♭          Gm/D      |
   Some - body tell me I'm not alone ____ when I ____ say:
```

Chorus 2

Repeat Chorus 1

Verse 2

```
|Cm              Fm                  |B♭
 Maybe some ____ part of you just hates me.
         E♭          Gm/D  |Cm
You ____ pick me up and  play me.
         Fm              |B♭        E♭  Gm/D  |
How ____ do we call this love, whoa?
|Cm              Fm                  |B♭
 One time, tell ____ me you need me tonight.
       E♭          Gm/D  |Cm
To ____ make it easy,    you lie
         Fm              |B♭        E♭  Gm/D  |
And ____ say it's all for love, whoa.
```

Pre-Chorus 2

Repeat Pre-Chorus 1

Chorus 3

```
|Cm                   Fm                    |
  All I need's a little love in my life.
|B♭              E♭            Gm/D |
  All I need's a little love in the dark.
|Cm              Fm                     |B♭
  A little, but I'm hoping it might kickstart
    E♭    Gm/D     |Cm
Me and my broken heart.
                Fm                    |
I need a little loving tonight.
|B♭                   E♭          Gm/D |
  Hold me so I'm not falling apart.
|Cm              Fm                | B♭
  A little, but I'm hoping it might kickstart
    E♭    Gm/D        |Cm
Me and my broken heart.
         Fm     |B♭
Whoa, ___ whoa,
     E♭    Gm/D      |Cm
Me and my broken heart.
         Fm    |B♭
Whoa, ___ whoa,
     E♭    Gm/D  |Cm          Fm        |
Me and my broken, ___ yeah,    yeah.
|B♭          E♭     Gm/D     |
  Yeah, me and my broken,
|Cm   Fm       |B♭    E♭ Gm/D |
  Yeah,    yeah,    yeah.
|Cm                          |
  It's just me, it's just me, it's just me,
                              |

Me and my broken heart.
```

Chorus 4

|Cm   Fm |
 All I need's a little love in my life.
|B♭   E♭   Gm/D |
 All I need's a little love in the dark.
|Cm   Fm | B♭
 A little, but I'm hoping it might kickstart
 E♭ Gm/D |Cm
Me and my broken heart.
     Fm |
I need a little loving tonight.
|B♭   E♭   Gm/D |
 Hold me so I'm not falling apart.
|Cm   Fm | B♭
 A little, but I'm hoping it might kickstart
 E♭ Gm/D |Cm ‖
Me and my broken heart.

Riptide

Words and Music by
Vance Joy

(Capo 1st fret)

Am   G   C   Gsus4   Fmaj7

Intro   ‖: Am   G |C   :‖

Verse 1

|Am   G |C |
I was scared of den - tists and the dark.
|Am   G |C
I was scared of pretty girls and starting conversations.
  |Am   G |C
Oh, all my friends ____ are turnin' green.
      |Am   G |C
You're the magician's assist - ant in their dream.

Pre-Chorus 1

    |Am G | C
Ah, oo.
    |Am G |C |
Oh, _____ and they come unstuck.

Chorus 1

|Am   G |C
Lady, runnin' down to the riptide,
         |Am
Taken away to the dark side.
G |C
I wanna be your left-hand man.
|Am   G |C
I love you when you're singing that song
         |Am
And I got a lump in my throat
   G |C |
'Cause you're gonna sing the words ___ wrong.

Verse 2

```
|Am                    G              |C
There's this movie that ___ I think you'll like.
    |Am        G            |C
This guy decides to quit his job and heads to New York City.
    |Am     G             |C
This cowboy's runnin' from himself,
    |Am              G            |C
And she's been livin' on ___ the highest shelf.
```

Pre-Chorus 2   *Repeat Pre-Chorus 1*

Chorus 2   *Repeat Chorus 1*

Interlude
```
|C          |          |
```

Bridge
```
|Am                      |Gsus4  G   |
I just wanna, I just wanna know
|C                          |Fmaj7     |
If you're gonna, if you're gonna stay.
|Am                    |Gsus4   G   |
I just gotta, I just gotta know,
|C                    |Fmaj7      |
I can't have it, I can't have it any other way.
|Am           G          |C       |
I swear she's des - tined for the screen.
|Am           G          |C                      |
Closest thing to Michelle Pfeiffer that you've ever seen, oh.
```

Chorus 3   *Repeat Chorus 1*

Chorus 4
```
||:   |Am  G              |C
    Oh, lady, runnin' down to the riptide,
                     |Am
Taken away to the dark side.
G            |C
I wanna be your left-hand man.
|Am     G                |C
I love you when you're singing that song
                      |Am
And I got a lump in my throat
     G                        |C      :||
'Cause you're gonna sing the words ___ wrong.
              |Am
I got a lump in my throat
     G                        |C      ||
'Cause you're gonna sing the words ___ wrong.
```

Rude

Words and Music by Nasri Atweh, Mark Pellizzer,
Alex Tanas, Ben Spivak and Adam Messinger

Gb   Ab   Db   Bbm   Ab/C

Verse 1

|Gb |Ab |Db
Saturday mornin', jumped out of bed
|Bbm Ab |Gb
And put on my best suit.
  |Ab |Db |
Got in my car and raced like a jet
|Bbm Ab |
All the way to you.
|Gb |Ab |Db
Knocked on your door with heart in my hand
|Bbm Ab |
To ask you a question,
|Gb |Ab |Db |Bbm Ab |
'Cause I know that you're an old-fashioned man.

Pre-Chorus 1

|Gb |Ab
Can I have your daughter for the rest of my life?
|Db   Bbm
Say yes, say yes, 'cause I need to know.
|Gb |Ab
You say I'll never get your blessing till the day I die.
|Db Ab/C |Bbm N.C. |
Tough luck, my friend, but the answer is no.

Chorus 1

|G♭ |A♭ |
   Why you gotta be so rude?
|D♭ |B♭m |
   Don't you know I'm human, too?
|G♭ |A♭ |
   Why you gotta be so rude?
|D♭ |B♭m |
   I'm gonna marry her anyway.
|G♭ |A♭ |
 Marry that girl, marry her anyway.
|D♭ |B♭m |
 Marry that girl, yeah, no matter what you say.
|G♭ |A♭ |
 Marry that girl and we'll be a family.
|D♭ |B♭m |G♭ |A♭ |D♭ |N.C. |
   Why you gotta be so rude?

Verse 2

|G♭ |A♭ |D♭
   I hate to do this, you leave no choice.
   |B♭m   A♭ |
Can't live with - out her.
|G♭ |A♭
   Love me or hate me,
      |D♭ |B♭m A♭ |
We will be boys standin' at that altar.
|G♭ |A♭ |D♭ |B♭m
   Or we will run away   to another galaxy.
A♭ |G♭ |A♭ |
You know,   you know she's in love with me.
|D♭ |B♭m |
   She will go anywhere I go.

Pre-Chorus 2

|Gb |Ab
Can I have your daughter for the rest of my life?
 |Db |Bbm
Say yes, say yes, 'cause I need to know.
     |Gb |Ab
You say I'll never get your blessing till the day I die.
    |Db Ab/C |Bbm N.C. |
Tough luck my friend, 'cause the answer's still no.

Chorus 2

|Gb |Ab |
 Why you gotta be so rude?
|Db |Bbm |
 Don't you know I'm human, too?
|Gb |Ab |
 Why you gotta be so rude?
|Db |Bbm |
 I'm gonna marry her anyway.
|Gb |Ab |
 Marry that girl, marry her anyway.
|Db |Bbm |
 Marry that girl, no matter what you say.
|Gb |Ab |
 Marry that girl and we'll be a family.
|Db |Bbm|Gb |Ab |Db |N.C. |
 Why you gotta be so rude?
|Gb |Ab |Db |Bbm |
 Rude.

Guitar Solo

‖:Gb |Ab |Db |Bbm   :‖

Pre-Chorus 3

|Gb |Ab

Can I have your daughter for the rest of my life?

|Db |Bbm

Say yes, say yes, 'cause I need to know.

|Gb |Ab

You say I'll never get your blessing till the day I die.

|N.C. |Bbm |

Tough luck, my friend, but no still means no.

Chorus 3

|Gb |Ab |

Why you gotta be so rude?

|Db |Bbm |

Don't you know I'm human, too?

|Gb |Ab |

Why you gotta be so rude?

|Db |Bbm |

I'm gonna marry her anyway.

|Gb |Ab |

Marry that girl, marry her anyway.

|Db |Bbm |

Marry that girl, no matter what you say.

|Gb |Ab |

Marry that girl and we'll be a family.

|Db |Bbm|Gb |Ab |

Why you gotta be so rude? ___ Yeah.

|Db |Bbm|Gb |Ab |

Why you gotta be so rude?

|Db |Bbm   ‖

Why you gotta be so rude?

Shake It Off

Words and Music by
Taylor Swift, Max Martin and Shellback

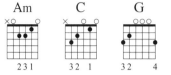

Intro

| N.C. | | | |

Verse 1

| N.C. | Am | | C | |
     I stay out too late, got nothin' in my brain;
| | G   N.C. |
That's what people say, mm, mm.
         | G   N.C. |
That's what people say, mm, mm.
        | Am | | C | |
I go on too many dates, ha, ha, but I can't make 'em stay;
| | G   N.C. |
At least that's what people say, mm, mm.
       | | |
That's what people say mm, mm.

Pre-Chorus 1

        | Am | | C |
But I keep cruisin'. Can't stop, won't stop movin'.
   | G   N.C. | | G   N.C. |
It's like I got this music   in my mind sayin', "It's gonna be al - right."

Chorus 1

        | |**Am** |
'Cause the players gonna play, play, play, play, play,

          |**C** |
And the haters gonna hate, hate, hate, hate, hate.

        |**G** |
Baby, I'm just gonna shake, shake, shake, shake, shake.

       | |
A, shake it off, a, shake it off. (Hoo, hoo, hoo.)

           |**Am** |
Heart - breakers gonna break, break, break, break, break,

         |**C** |
And the fakers gonna fake, fake, fake, fake, fake.

        |**G** |
Baby, I'm just gonna shake, shake, shake, shake, shake.

       | |
A, shake it off, a, shake it off.

Verse 2

              |**Am** | |**C** |
I'll never miss a beat, ah; I'm lightnin' on my feet.

| |**G**   **N.C.**|
And that's what they don't see, mm, mm.

          |**G**   **N.C.** |
That's what they don't see, mm, mm.

         |**Am** |
I'm dancin' on my own; (Dancin' on my own.)

           |**C** |
I'll make the moves up as I go. (Moves up as I go.)

         |**G**   **N.C.**|
And that's what they don't know, mm, mm.

        |**G**   **N.C.**|
That's what they don't know, mm, mm.

Pre-Chorus 2

      |**Am** | |**C**
But I keep cruisin'. Can't stop, won't stop groovin'.

| |**G**   **N.C.**| | **N.C.** |
It's like I got this music   in my mind sayin', "It's gonna be al - right."

Chorus 2   *Repeat Chorus 1*

Bridge

|Am |
Shake it off, a, shake it off.
      |C |
I, I, a, shake it off, a, shake it off.
      |G |
I, I, a, shake it off, a, shake it off.
         | | |
I, I, a, shake it off, a, shake it off, *ha, ha.*

Breakdown

| N.C. |
Spoken: Hey, hey, hey.
| |
Just think: while you been gettin' down and out
      | |
About the liars and the dirty, dirty cheats of the world,
   | | | |
You coulda been gettin' down to this sick beat.
| | |
My ex man brought his new girlfriend. She's like, "Oh my God!"
      | |
But, I'm just gonna shake until the fellow over there
      | |
With the hella good hair… Won't you come on over, baby?
      | | |
We can shake, shake, shake.

Chorus 3

Repeat Chorus 1

Outro

‖: Am |
  Shake it off, a, shake it off.
      |C |
I, I, a, shake it off, a, shake it off.
      |G |
I, I, a, shake it off, a, shake it off.
         | | :‖
I, I, a, shake it off, a, shake it off. (Hoo, hoo, hoo.)
| Am |
  Shake it off, a, shake it off.
      |C |
I, I, a, shake it off, a, shake it off.
      |G |
I, I, a, shake it off, a, shake it off.
      | | | N.C.   ‖
I, I, a, shake it off, a, shake it off.

Steal My Girl

Words and Music by Louis Tomlinson,
Liam Payne, Julian Bunetta, Wayne Hector,
Edward Drewett and John Ryan

(Capo 1st fret)

Asus4   A   Asus2   D5   Dmaj7(no3rd)   D6(no3rd)   E   D

Intro

|Asus4 A Asus2 A |Asus4 A Asus2 A |

‖: D5 Dmaj7(no3rd) D6(no3rd) Dmaj7(no3rd) :‖

|Asus4 A Asus2 A |Asus4 A Asus2 A |

‖: D5 Dmaj7(no3rd) D6(no3rd) Dmaj7(no3rd) :‖

Verse 1

|A
She be my queen since we were sixteen.

     | |
We want the same things, we dream the same dreams, alright.
|D5 Dmaj7(no3rd) D6(no3rd) Dmaj7(no3rd) |
                                          Alright.

|D5 Dmaj7(no3rd) D6(no3rd) Dmaj7(no3rd) |
|A
I got it all 'cause she is the one.

               | |
Her mom calls me "love," her dad calls me "son," alright.
|D5 Dmaj7(no3rd) D6(no3rd) Dmaj7(no3rd) |
                                          Alright.

|D5 Dmaj7(no3rd) D6(no3rd) Dmaj7(no3rd)
                |E |D |
I know, ____ I know, I know ____ for sure.

Chorus 1

‖: **A** |
     Ev'rybody wanna steal my girl,

| |
Ev'rybody wanna take her heart away.

| **D** |
     Couple billion in the whole wide world,

| :‖
Find another one 'cause she belongs to me.

‖: **Asus4   A   Asus2   A**   :‖
    Na, na, na,   na, na, na.

| **D5   Dmaj7(no3rd)   D6(no3rd)   Dmaj7(no3rd)** |
   Na, na,   na,   na, na, na.

| **D5   Dmaj7(no3rd)   D6(no3rd)   Dmaj7(no3rd)** |
   Na, na,   she be   -   longs to me.

Verse 2

| **A**
Kisses like cream, her walk is so mean,

      | |
And ev'ry jaw drop when she's in those jeans, alright.

| **D5 Dmaj7(no3rd)   D6(no3rd)   Dmaj7(no3rd)** |
                             Alright.

| **D5 Dmaj7(no3rd)   D6(no3rd)   Dmaj7(no3rd)** |

| **A**
 I don't exist if I don't have her.

      | |
The sun doesn't shine, the world doesn't turn, alright.

| **D5 Dmaj7(no3rd)   D6(no3rd)   Dmaj7(no3rd)** |
                             Alright.

| **D5 Dmaj7(no3rd)   D6(no3rd)   Dmaj7(no3rd)**
                 | **E** | **D** |
But I know, ___ I know, I know ___ for sure.

Chorus 2

‖: **A** |
         Ev'rybody wanna steal my girl,

| |
Ev'rybody wanna take her heart away.

|**D** |
   Couple billion in the whole wide world,

| :‖
Find another one 'cause she belongs to me.

‖: **Asus4 A   Asus2 A**   :‖
    Na, na, na,   na, na, na.

|**D5   Dmaj7(no3rd) D6(no3rd) Dmaj7(no3rd)**|
  Na, na,   na,   na, na, na.

|**D5   Dmaj7(no3rd) D6(no3rd) Dmaj7(no3rd)**
  Na, na,   na,   na.

Bridge

                 |**E** |**D**
She knows, ___ she knows that I never let her down before.

                 |**E** |**D**
She knows, ___ she knows that I'm never gonna let another

                           |
Take her love from me, now.

Chorus 3

Repeat Chorus 1

Outro

‖: **Asus4 A   Asus2 A**   :‖
    Na, na, na,   na, na, na.

|**D5   Dmaj7(no3rd) D6(no3rd) Dmaj7(no3rd)** |
  Na, na,   na,   na, na, na.

|**D5   Dmaj7(no3rd) D6(no3rd) Dmaj7(no3rd)**‖
              She be -   longs to me.

A Sky Full of Stars

Words and Music by Guy Berryman, Jon Buckland,
Will Champion, Chris Martin and Tim Bergling

(Capo 6th fret)

Am	Gsus4	C/F	C	Cmaj9/E	Am7	A7sus4	Fmaj9	Em7	G

Intro

‖:Am   Gsus4 |C/F |C |Cmaj9/E   :‖

Verse 1

|Am Gsus4 |C/F
'Cause you're a sky,
               |C |Cmaj9/E |
'Cause you're a sky full of stars.

|Am Gsus4 |C/F |C |Cmaj9/E |
I'm gonna give you my heart.

|Am Gsus4 |C/F
'Cause you're a sky,
               |C |Cmaj9/E |
'Cause you're a sky full of stars.

|Am Gsus4 |C/F |C |Cmaj9/E |
         'Cause you light up the path.

Verse 2

|Am Gsus4 |C/F
    I don't care,
      |C |Cmaj9/E |
Go on and tear me apart.

|Am Gsus4 |C/F |C
    I don't care ____ if you do.

  |Cmaj9/E |Am
Ooh, ____ ooh.

Gsus4 |C/F |C |Cmaj9/E |
'Cause in a sky, 'cause in a sky full of stars
           |Am Gsus4 |C/F |C |Cmaj9/E |
I think I saw you.

Interlude 1

‖:Am7 A7sus4 |Fmaj9 |C |Em7   :‖ *Play 3 times*

Verse 3

```
|Am7  A7sus4        |Fmaj9
       'Cause you're a sky
              |C                |Em7    |
'Cause you're a sky full of stars.
|Am7  A7sus4 |Fmaj9              |C      |Em7    |
       I wanna die in your arms. ____ Oh, ____ oh.
|Am7  A7sus4        |Fmaj9
       'Cause you get lighter
       |C        |Em7     |
The more ____ it gets dark.
|Am7  A7sus4   |Fmaj9              |C      |Em7    |
       I'm gonna give you my heart. ____ Oh, ____ oh.
|Am7 |A7sus4        |Fmaj9
       And I don't care
       |C          |Em7      |
Go on and tear me apart.
|Am7  A7sus4        |Fmaj9        |C
       And I don't care ____ if you do.
       Em7    |Am7
Ooh, ____ ooh.
 A7sus4  |Fmaj9          |C          |Em7
'Cause in a sky, 'cause in a sky full of stars
              |Am7  A7sus4 |Fmaj9 |C        |
I think I see you.
|Em7          |Am7  A7sus4 |Fmaj9 |C    |      |
   I think I see you.
```

Interlude 2

```
||:Am7  A7sus4 |Fmaj9  |C        |Em7      :|| Play 4 times
||:Fmaj9        |G       |Am     |    C   :||
```

Verse 4

```
|Fmaj9          |G        |Am              |
   It's your sky, ____ your sky ____ full of stars.
|    C        |Fmaj9 |G     |Am     |
Such a heavenly view.
|          C        |Fmaj9 |G     |Am    |  C  |
You're such a heavenly view.
```

Outro

```
||:Fmaj9  |G        |Am     |   C  :|| Play 3 times
|N.C.      ||
```

Stolen Dance

Words and Music by
Clemens Rehbein

Tune down 1/2 step:
(low to high) Eb - Ab - Db - Gb - Bb - Eb

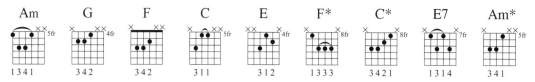

Am	G	F	C	E	F*	C*	E7	Am*

Intro   ‖: Am   G |F |C |E   :‖

Verse 1

|Am   G |F |
I want you by my side

|C |E |
So that I never feel a - lone again.

|Am   G |F |
They've always been so kind,

|C |E |
But now they brought you a - way from me.

|Am   G |F |
I hope they didn't get your mind.

|C |E |
Your heart is too strong   anyway.

|Am   G |F |
We need to fetch back the time

|C |E | | |
They have stolen from us.

Chorus 1

```
|F*              |C*
 I want you. We can bring it on the floor.
        |E7                  |Am*
I've never danced like this before.
        G          |
We don't talk about it.
|F*              |C*              |
 Dancin' on, do the boogie all night long.
|E7              |Am*        G          |
 Stoned in paradise, ___ shouldn't talk about it.
|F*              |C*
 I want you. We can bring it on the floor.
        |E7              |Am*
I've never danced like this before.
        G          |
We don't talk about it.
|F*              |C*              |
 Dancin' on, do the boogie all night long.
|E7              |Am*                      |
 Stoned in paradise, ___ shouldn't talk about it,
|                        |    G    |
        Shouldn't talk about it.
```

Interlude 1

```
||:Am   G   |F        |C        |E        :||
```

Verse 2

```
|Am         G        |F        |
   Coldest winter for me.
|C                    |E              |
   No sun is shinin'    anymore.
|Am         G          |F        |
   The only thing I feel is pain
|C                      |E          |
   Caused by absence of you.
|Am              G        |F          |
   Suspense con - trollin' my mind.
|C                      |E              |
   I cannot find the way    outta here.
|Am          G    |F        |
   I want you by my side
|C                      |E          |      |      |
   So that I never feel a - lone again.
```

Chorus 2   *Repeat Chorus 1*

Interlude 2   *Repeat Interlude 1*

Chorus 3   *Repeat Chorus 1*

Outro   ‖: Am   G |F |C |E   :‖ *Play 7 times and fade*

Take Me to Church

Words and Music by
Andrew Hozier-Byrne

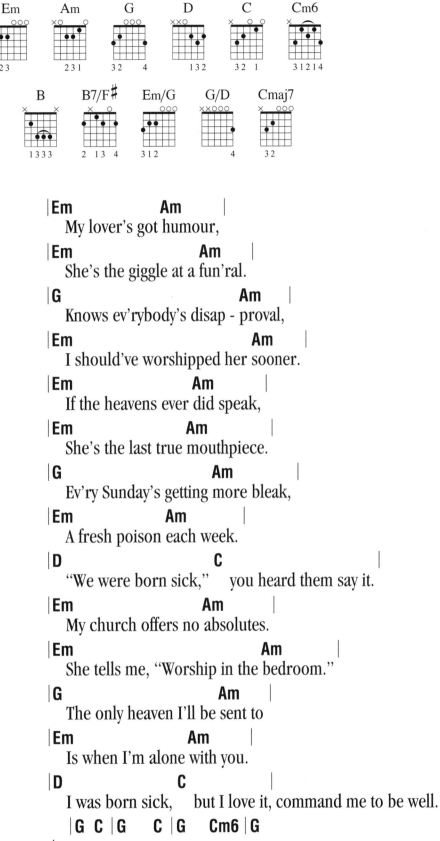

Verse 1

|Em   Am |
My lover's got humour,

|Em   Am |
She's the giggle at a fun'ral.

|G   Am |
Knows ev'rybody's disap - proval,

|Em   Am |
I should've worshipped her sooner.

|Em   Am |
If the heavens ever did speak,

|Em   Am |
She's the last true mouthpiece.

|G   Am |
Ev'ry Sunday's getting more bleak,

|Em   Am |
A fresh poison each week.

|D   C |
"We were born sick,"   you heard them say it.

|Em   Am |
My church offers no absolutes.

|Em   Am |
She tells me, "Worship in the bedroom."

|G   Am |
The only heaven I'll be sent to

|Em   Am |
Is when I'm alone with you.

|D   C |
I was born sick,   but I love it, command me to be well.

    |G C |G   C |G   Cm6 |G
A, ___ a - men, a - men, a - men.

Chorus 1

```
            N.C.                    |Em
               Take me to church, ___ I'll worship like a dog
                                   |B
            At the shrine of your lies.

                                                           |G
            I'll tell you my sins and you can sharpen your knife.
                       Am                        |Em
            Offer me that deathless death and, good God, ___ let me give you my life.
            N.C.                    |Em
               Take me to church, ___ I'll worship like a dog
                                   |B
            At the shrine of your lies.

                                                           |G
            I'll tell you my sins and you can sharpen your knife.
                       Am
            Offer me that deathless death and,
                    |Em                        N.C.      |
            Good God, ___ let me give you my life.
```

Verse 2

```
            |Em                  Am              |
               If I'm a pagan of the good times,
            |Em              Am            |
               My lover's the sunlight.
            |G                              Am        |
               To keep the goddess on my ___ side,
            |Em                    Am      |
               She demands a sacri - fice.
            |D                    C                      |
               Drain the whole sea,    get something shiny.
            |Em                    Am           |
               Something meaty for the main course,
            |Em                  Am            |
                That's a fine looking high horse.
            |G                    Am     |
               What you got in the sta - ble?
            |Em                    Am      |
               We've a lot of starving faithful.
            |D                    C                  |
               That looks tasty,    that looks plenty,
            |
            This is hungry work.
```

Chorus 2

Repeat Chorus 1

Bridge

```
|C              G                    |B7/F♯      Em/G
   No masters ____ or kings when the ritual begins.
Em     |C          G                 |B7/F♯     Em/G
   There is no sweeter ____ innocence than our gentle ____ sin.
Em     |C          G          |B7/F♯          Em/G
   In the madness and soil of that ____ sad earthly ____ scene,
Em     |C          G          |B7/F♯          |Em
   Only then I am ____ human, on - ly then I am ____ clean.
G/D  |Cmaj7  C      |G     C |G
   Oh, _____ oh, ____ a - men,
Cm6 |G     Cm6 |G
A  -  men, a  -  men.
```

Chorus 3

```
N.C.                      |Em
   Take me to church, ____ I'll worship like a dog
                          |B
At the shrine of your lies.
                                          |G
I'll tell you my sins and you can sharpen your knife.
             Am                     |Em
Offer me that deathless death and, good God, ____ let me give you my life.
N.C.                      |Em
   Take me to church, ____ I'll worship like a dog
                          |B
At the shrine of your lies.
                                          |G
I'll tell you my sins and you can sharpen your knife.
             Am                     |Em            |       ‖
Offer me that deathless death and, good God, ____ let me give you my life.
```

Try

Words and Music by Colbie Caillat,
Jason Reeves, Antonio Dixon and
Kenneth Edmonds

(Capo 1st fret)

Am9   Fsus2#11   Cmaj7(no3rd)   G/B   Am7   F$^6_9$

Cadd9   Fadd9   Am(add9)   Fsus2   C5   G/B*   G

Intro

|Am9 |Fsus2#11 |Cmaj7(no3rd) |G/B |

Verse 1

|Am9 |
Put your makeup on, get your nails done, curl your hair,
|Fsus2#11 |
Run the extra mile, keep it slim so they like you.
|Cmaj7(no3rd) |G/B |
So they like you.
|Am9 |
Get your sexy on, don't be shy, girl, take it off.
|Fsus2#11 |
This is what you want, to belong so they like you.
|Cmaj7(no3rd) |G/B
Do you like you?

Pre-Chorus 1

                |Am7
You don't have to try so hard.
                |F$^6_9$
You don't have to   give it all away.
                    |Cadd9
You just have to get up, get up, get up, get up.
                    |G/B
You don't have to change a single thing.

Chorus 1

|Am7
You don't have to try, try, try, try, I, I.

|Fadd9
You don't have to try, try, try, try, I, I.

|Cadd9
You don't have to try, try, try, try, I, I.

|G/B
You don't have to try.

|Am9 |Fsus2♯11 |Cmaj7(no3rd) |G/B |
You don't have to try.

Verse 2

|Am9 |
Get your shoppin' on at the mall. Max your credit cards.

|Fsus2♯11 |
You don't have to choose, buy it all so they like you.

|Cmaj7(no3rd) |G/B |
Do they like you?

|Am9 |
Wait a second, why should you care what they think of you?

|Fsus2♯11 |
When you're all alone by yourself, do you like you?

|Cmaj7(no3rd) |G/B
Do you like you?

Pre-Chorus 2

|Am7
You don't have to try so hard.

|F⁶₉
You don't have to   give it all away.

|Cadd9
You just have to get up, get up, get up, get up.

|G/B
You don't have to change a single thing.

|Am7
You don't have to try so hard.

|F⁶₉
You don't have to   bend until you break.

|Cadd9
You just have to get up, get up, get up, get up.

|G/B
You don't have to change a single thing.

Chorus 2

|Am7
You don't have to try, try, try, try, I, I.

|Fadd9
You don't have to try, try, try, try, I, I.

|Cadd9
You don't have to try, try, try, try, I, I.

|G/B
You don't have to try.

|Am7
No, you don't have to try, try, try, try, I, I.

|Fadd9
You don't have to try, try, try, try, I, I.

|Cadd9
You don't have to try, try, try, try, I, I.

|G/B
You don't have to try.

|Am9 |Fsus2♯11 |Cmaj7(no3rd) |G/B |
You don't have to try.

Pre-Chorus 3

|Am(add9)
You don't have to try so hard.

|Fsus2
You don't have to   give it all away.

|C5
You just have to get up, get up, get up, get up.

|G/B
You don't have to change a single thing.

Chorus 3

|Am9
You don't have to try, try, try, try, I, I.

|Fsus2♯11
You don't have to try, try, try, try, I, I.

|C5 |G/B* |
You don't have to try. You don't have to try.

Verse 3

|Am9 |
 Take your makeup off, let your hair down, take a breath.

|Fsus2♯11 |
 Look into the mir'r at yourself. Don't you like you?

|Cmaj7(no3rd) |G   ‖
 'Cause I like you.

Superheroes

Words and Music by Danny O'Donoghue,
Mark Sheehan and James Barry

(Capo 1st fret)

G · · · D · · · Bm7 · · · A · · · Asus4 · · · D/F# · · · Gsus2 · · · Em7

Intro
|G   D |Bm7 A |G   D |Asus4 A |
|G   D |Bm7 A |G   D |A |

Verse 1
           |G   D
All her life, ___ she has ___ seen
       |Bm7   A
All the mean - er side of mean.
              |G   D
They took away ___ the prophet's ___ dream
    |Asus4   A
For a prof - it on the street.
      |D/F#   Gsus2
Now she's stronger than you know,
    |A   N.C.
A heart of steel starts to grow.

Verse 2

```
              |G              D
All his life, ___ he's been told
              |Bm7             A
He'll be noth - ing when he's old.
              |G              D
All the kicks ___ and all the blows,
              |Bm7       A
He won't ev - er let it show.
```

Pre-Chorus 1

```
                       |D/F#          Gsus2
'Cause he's strong - er than you ___ know,
              |A
A heart of steel starts to grow.
```

Chorus 1

```
            N.C.                    |G      D
When you've been fighting for it all your life,
                          |Bm7        A
You've been struggling to make things right,
                          |G       D
That's how a superhero learns to fly.
        |A
(Ev'ry day, ev'ry hour, turn their pain into power.)
                          |G       D
When you've been fighting for it all your life,
                      |Bm7      A
You've been working ev'ry day and night,
                      |G       D
That's how a superhero learns to fly.
        |A                                    |
(Ev'ry day, ev'ry hour, turn their pain into power.)
|G      D        |Gm7     A
Oh, uh oh. Oh, oh, ___ uh, oh.
```

Verse 3

```
            |G           D
All the hurt, ____ all the lies,
            |Bm7         A
All the tears ____ that they cry,
            |G           D
When the mo - ment is just right,
    |Bm7         A
You the fire in their eyes.
```

Pre-Chorus 2

Repeat Pre-Chorus 1

Chorus 2

```
            N.C.                    G       D
When you've been fighting for it all your life,
                    |Bm7        A
You've been struggling to make things right,
                    |G          D
That's how a superhero learns to fly.
    |A
(Ev'ry day, ev'ry hour, turn their pain into power.)
                        |G          D
When you've been fighting for it all your life,
                    |Bm7    A
You've been working ev'ry day and night,
                    |G          D
That's how a superhero learns to fly.
    |A                                        |
(Ev'ry day, ev'ry hour, turn their pain into power.)
```

Interlude 1

```
|G    D   |Bm7 A   |G    D
        |A                                      |G   D |Bm7 A |G   D
```
(Ev'ry day, ev'ry hour, turn their pain into power.
        |A
Ev'ry day, ev'ry hour, turn their pain into power.)

Verse 4

```
        |G                    D
```
She's got lions in her heart, ___ a fire in her soul.
```
        |Bm7              A
```
He's got a beast in his belly that's so hard to control.
```
          |G                  D
```
'Cause they've taken too much hits, take 'em blow by blow.
```
     |Asus4                 A
```
Now light a match, stand back, watch 'em explode.
```
        |Em7              Gsus2
```
She's got lions in her heart, ___ a fire in her soul.
```
        |D                A
```
He's got a beast in his belly that's so hard to control.
```
          |D/F♯              Gsus2
```
'Cause they've taken too much hits, take 'em blow by blow.
```
     |Asus4
```
Now light a match, stand back,
```
                          |
```
Watch 'em explode, explode, explode, explode, explode.

Chorus 3   *Repeat Chorus 2*

Interlude 2   *Repeat Interlude 1*

Outro-Chorus

```
                        |G       D
```
When you've been fighting for it all your life,
```
              |Bm7         A
```
You've been struggling to make things right,
```
                      |G     D |A    |      ‖
```
That's how a superhero learns to fly.